FACULTÉ DE DROIT DE TOULOUSE.

THÈSE
POUR LA LICENCE.

TOULOUSE,

Imprimerie BAYRET et Cie, rue Peyras, 12.

ACTE PUBLIC

POUR

LA LICENCE,

SOUTENU EN EXÉCUTION DE L'ARTICLE 4, TITRE 2, DE LA LOI DU 22 VENTÔSE AN XII,

Par M. BATTANT de POMMEROL (Raymond),

NÉ A LYON.

JUS ROMANUM.

Commodati vel contra.

DIG., LIB. XIII, TIT. VI; INST., LIB. III, TIT. XIV, § 2.

Inter contractus in quibus re contrahitur obligatio, invenitur commodatum, in Gallico jure nuncupatum PRÊT A USAGE.

Hic contractus conficitur debitoris gratiâ; qui commodatum accepit, nullam remunerationem creditori debet; alioquin, non commodatum sed locatio condictio produceretur.

At qui, commodatum a mutuo longe distat; reipsâ in mutuo, dominium rei quæ in obligatione est, traditione ei qui mutuum accepit transfertur et solummodo contrahitur obligatio rei ejusdem ponderis, ejusdem numeri, ejusdemve mensuræ reddendæ; nam generis debitor est, et cùm genus nunquam pereat, semper ad res in mutuum datas solvendas necessitate adstringitur.

Contrario res in commodatum data, semper ad creditorem pertinet, cum suum dominium non aliene et solum debitori usuidet. Qui commodatum accepit solum uti debet : et ut in Digestis legimus : rei commodatæ et proprietatem et possessionem retinemus — nemo enim commodando rem facit ejus cui commodat. Qui commodatum accepit speciei debitor est, eamdem rem etiam reddet quam accepit.

Res soli et res mobiles quæ non ipso usu consumuntur in commodatum dari solent. Aliquando tamen res quæ usu pereunt, in commodatum accipi possunt si solùm ad pompam et ostentationem tradantur; verbi gratiâ amicos ad œnam invitaturi, ab aliquo fructus multi pretii petimus ut in loco ostendantur ad quem attingere convivœ nequibunt.

Nunc transeamus ad periculum. Quis rei amissionem patietur?

In mutuo periculum ad eum qui accepit, pertinet; nam, ut suprà diximus, traditione dominius factus est; præterea, ut genus numquam perit, is qui mutuum accepit periculum patietur; nam non rei quæ in obligatione est, debitor efficitur, sed rei quæ eamdem pondus, eamdem numerum, eamdem mensuram habeat. In commodato periculum pertinet creditorem; commodans enim possessionem et proprietatem retinet, cui commodat solum usum dat : inde sequitur commodatarium non generis sed speciei debitorem esse, atqui debitor certi corporis liberatur interitu rei; ergo is qui commodatum accepit, rei amissione liberatur cum non ei possibile sit reddere quod non est, et impossibilium nulla sit obligatio.

Culpâ autem ejus qui commodatum accepit, amissio potest accidere. Qui seo casu periculum sustinebit?

Ut supra, gratuitum esse debet commodatum, præterea obligatio ejus qui commodat est rem in commodatum acceptam reddere. Ut rem debitor reddat, eam servare debet. Qualis autem diligentia adhiberi necesse est?—

Gaius scripsit : in rebus commodatis talis diligentia præstanda est, qualem quisque diligentissimus pater familias suis rebus adhibet : ita ut tantum eos casus non præstet quibus resisti non possit (Dig., 13, 6, 17, § 3); et Ulpianus causam nobis explicat dicendo : commodatum plerumque solam utilitatem continet ejus cui commodatur; et ideo verior est Quinti Mucii sententia, existimantis et culpam præstandam et diligentiam (Dig., liv. 13, tit. 6, l. 5, § 2).

Non solum commodatarius in se recipit culpam sed etiam. Custodiam commodatæ rei diligentem debet præstare (Dig., *eod tit.*, l. 5, § 5). Ei fortuiti eventus præstandi non sunt, sed ut scripsit Gaius, hi quibus resisti non possit. Custodia rei ei committitur; idcirco furtum sine vi illi tribuitur.

Is cui commodatur, debet re commodata uti, ut cum domino pactum est; ita ut si voluntate suâ usum mutat, et casu fortuito, res amitur periculum ad eum pertinebit; verbi gratiâ, mihi equus commodatur, ut rus petam, et ad Romam vado; si latrones equum violentia tollunt, periculum ad me pertinebit; nam equus mihi datus fuerat, ut rus et non Romam petam. Peccavi et culpam in me recipio: « Servus vel equus si a latronibus vel in bello, in aliam causam commodati occisi sunt, actio commodati datur; custodia enim et diligentia rei commodata præstanda est. » (Paul. Sent. 2, 4, 3). Denique, cum posset rem commodatam servare, suam prætulit, is cui commodatur periculum patietur. Quinimo et qui alias re commodatâ utitur non solum commodati, sed etiam furti quoque conveniri potest ut Julianus lib. 2. Digestorum scripsit. (Dig., *eod tit.*, l. 5, § 8.)

Actio directa commodanti datur ad rem commodatam recuporandam. Hæc tantummodo a contractu nascitur cum ea uno latere tantum obligatio efficiatur. Sed ex post facto commodantem erga commodatarium astringi potest; quod evenit si ad rem servandam impensæ factæ sunt; hoc casu actio commodati contraria conceditur.

Aliquando commodatum gratiâ commodatarii intervenit, ut ex Gaii fragmentis patet (Dig., *h. t.*, l. 18). Culpa sane adhuc præstanda est, sed modo minus stricto; custodia enim non adhiberi debet.

Variis modis commodatum finitur : solutione, rei amissione, confusione.

Solutione primum ; omnes enim obligationes hoc modo pereient; præterea cum re contrahatur commodatum, juris regula invocari potest : *Nihil tam naturale est obligationes eodem modo extingui in contrarium acto quo colligantur.*

Rei amissione; nam ut supra diximus, contractus causam non habet.

Confusione, id est, cum qui commodatum accepit, est unà debitor et creditor ; si forte heres commodantis fit.

Adhuc commodatum finitur, cum dominus rem debitori donat; in illo casu, contractus causam suam amittit; obligatio enim donationis pacto evanescit.

CODE NAPOLÉON.

DU PARTAGE ET DES RAPPORTS

ET NOTAMMENT DE LA COMPOSITION DU PATRIMOINE POUR DÉTERMINER LA
RÉSERVE.

(C. Nap. 845, 890, 921, 922, 924).

Le but du législateur dans le chapitre du Partage et des Rapports, a été
de sauvegarder les droits de toutes les personnes dont les intérêts divers se
trouvant en contact, se rencontrent, se confondent à l'ouverture d'une succession ; en traitant du rapport, il a voulu donner des limites aux libéralités excessives qu'aurait tenté de faire le *de cujus* au préjudice de certains
de ses héritiers; en matière de succession, on rencontre partout la
volonté qu'a le législateur de maintenir l'égalité entre les copartageants.

En principe, au moment de l'ouverture de la succession, chacun des cohéritiers a de plein droit sa part des créances et des dettes, part proportion-
nelle à ce qu'il prend dans la succession. L'indivision existe pour les biens
corporels. Le législateur, en laissant aux héritiers le soin de faire cesser cet
état de choses, a réglé les formes du partage qu'ils peuvent faire des biens
composant l'hérédité.

DU PARTAGE.

Le partage (*partiie*) est la division, la séparation d'un tout en plusieurs parties; il peut donc être défini : un acte au moyen duquel tout ayant droit peut faire cesser l'état d'indivision dans lequel des droits simultanés concourent sur chaque objet de l'hérédité.

Avant le partage, chaque copropriétaire a sur chaque atôme, sur chaque parcelle du fonds commun une fraction de propriété. Après le partage, chacun des anciens copropriétaires est maître absolu des biens qui ont été mis dans son lot. On peut donc définir le partage : l'échange que fait chaque copropriétaire des droits *indivis* qu'il avait sur chaque bien de la masse partageable, contre un droit exclusif sur certains biens; cet échange résulte d'un contrat ou d'un jugement.

Le partage n'est pas le seul moyen de faire cesser l'indivision; il suffit, en effet, pour amener ce résultat, que les diverses fractions de la propriété soient réunies sur une seule personne. Or, pour cela, il n'est pas nécessaire que la personne qui aliène une fraction de propriété en acquière une autre en échange.

La *cession* que l'un fait à l'autre de ses droits successifs, soit gratuitement, soit pour un prix, ou la cession que tous font simultanément à un étranger (licitation), mettent fin à l'indivision. L'indivision a plusieurs inconvénients : elle est une source de procès à cause de la difficulté qu'éprouvent plusieurs propriétaires à jouir simultanément de la même chose ; c'est une entrave à la circulation des biens, à raison de la difficulté que chaque communiste éprouve à aliéner avantageusement sa part, personne ne se souciant d'acquérir une chose commune.

Tout copropriétaire a droit d'exiger le partage, et réciproquement chacun est tenu de le souffrir. Il ne peut se dessaisir de ce droit que temporairement. La convention de rester temporairement dans l'indivision est valable ; elle cesse de l'être au bout de cinq ans, mais peut être renouvelée plusieurs fois.

Le testateur peut-il suspendre le partage pendant un an ou un délai moindre?

Non; l'art. 815 permet de provoquer le partage nonobstant *prohibitions contraires* sans distinguer si elles émanent ou non du testament. Ce mot, d'ailleurs, ne peut s'entendre que des dispositions testamentaires , car autrement, le mot *conventions* le rendrait inutile. Le deuxième alinéa autorise seulement à convenir de suspendre le partage..

La possession doit réunir tous les caractères voulus pour conduire le cohéritier à la prescription et être continuée pendant le temps requis ; ainsi, il faut que le cohéritier possède à titre de propriétaire exclusif *pro suo;* autrement, s'il détient comme copropriétaire par indivis, il reconnaît l'existence du droit de ses cohéritiers et possède précairement par rapport à eux.

Le droit de demander le partage appartient à tout copropriétaire, et de plus à certaines personnes.

Le tuteur spécialement autorisé par le conseil de famille exerce l'action pour les mineurs. Le tuteur n'a pas besoin de cette autorisation pour défendre à une demande en partage.

Pour les absents , ils sont représentés par les parents envoyés en possession, ou les successeurs irréguliers, ou l'époux présent commun en biens , les absents présumés sont représentés par un notaire, au moins à l'effet de défendre à l'action en partage.

Pour les femmes mariées, l'action en partage appartient au mari seul, quant aux biens échus à sa femme et tombant dans l'actif de la communauté; l'action appartient à la femme et au mari conjointement lorsque les biens ne tombent pas en communauté; le mari peut, s'il a droit d'en jouir, demander un partage provisionnel. La demande en partage définitif de la part des cohéritiers, doit être dirigée contre le mari et la femme à la fois. L'article 818 ne statue que pour le cas où il s'agit d'époux mariés sous le régime de la communauté. Si le régime dotal avait été adopté, il y aurait lieu d'appliquer l'art. 1549 du Code Napoléon, aux termes duquel toutes les actions possessoires ou pétitoires, relatives aux biens dotaux, appartiennent au mari seul.

A l'égard du mineur émancipé, il doit incontestablement être assisté de son curateur, et cette assistance lui suffit pour défendre; mais lorsqu'il exerce l'action en partage doit-il obtenir l'autorisation du conseil de famille ?

Non; l'art. 840 déclare définitifs les partages faits par les mineurs émancipés assistés de leurs curateurs, sans exiger, comme pour les tuteurs, l'autorisation du conseil de famille. *Specialia generalibus derogant.* L'intervention de la justice offre des garanties suffisantes. •

Comme complément du droit ne pas rester dans l'indivision, nous trouvons à l'art. 816 la défense de s'appuyer sur la prescription comme moyen d'éviter le partage. On a le droit d'intenter l'action en partage tant que dure l'indivision; l'indivision cesse, lorsqu'il y a eu un acte de partage, ou lorsqu'il y a une possession suffisante pour acquérir la prescription.

Nous devons entendre ici par prescription, la faculté qu'a un des cohéritiers, s'il a possédé les biens indivis pendant trente ans, *animo domini,* d'opposer à ceux qui voudraient, après ce laps de temps, procéder au partage de sa possession, qui renfermerait tous les caractères nécessaires pour prescrire valablement.

Nous trouvons deux espèces de partage : le partage provisionnel et le partage définitif.

Le partage provisionnel, est celui qui fait cesser l'indivision, quant à la jouissance seulement; le partage définitif, c'est celui qui fait cesser l'indivision par rapport à la pleine propriété des biens.

Le partage provisionnel a lieu : 1° lorsque les parties n'ont entendu diviser que la jouissance, ou bien lorsqu'au nombre des copartageants il se trouve des héritiers incapables ou non présents, ou que quelques formalités auront été omises ; dans ce dernier cas, le partage ne sera provisionnel que pour la partie incapable ou absente ; le partage est définitif à l'égard des autres.

L'art. 819 désigne certains cas dans lesquels les scellés doivent être apposés. L'apposition des scellés est nécessaire, d'après cet article, lorsque tous les héritiers ne sont pas présents, ou qu'il y a parmi eux des mineurs ou des interdits ; dans le cas seulement, d'après le Code de proc. 911, où le mineur n'a pas de tuteur, et lorsque le défunt est dépositaire public. L'apposition des scellés peut être requise : 1° par les créanciers, en vertu d'un titre exécutoire ou d'une permission du juge ; 2° par les héritiers ; 3° par le ministère public près le Tribunal de première instance ; 4° d'office par le juge de paix du canton ; 5° en cas d'absence, soit du conjoint, soit des héritiers ou de l'un d'eux, par les personnes qui demeuraient avec le défunt et ses serviteurs, par les prétendants droits et les créanciers mineurs émancipés sans l'existence de leur curateur ; s'ils ne sont pas émancipés et n'ont pas de tuteur, ou qu'il soit absent, par un de leurs parents. Les scellés une fois apposés, tout créancier, ceux-là même qui n'ont ni titre exécutoire, ni permission de juge, ont qualité pour s'opposer à ce qu'ils soient levés en dehors de leur présence.

Avant d'examiner les opérations qui constituent le partage, examinons si les actions en garantie des lots et en rescision du partage se portent au Tribunal du domicile du défunt (59, C. Proc.); une controverse s'est élevée sur cette question.

On pourrait dire, elles doivent être portées au domicile de l'un des héritiers défendeurs, en se fondant sur l'art. 59 du C. de Proc. Civ. Le premier alinéa du même article n'attribue compétence au Tribunal, de l'ouverture, que jusqu'au partage *inclusivement,* et les demandes dont il s'agit sont nécessairement postérieures au partage ; l'art. 822 est antérieur en date (19 avril 1803); l'art. 59, Proc. (14 avril 1808); donc, il est abrogé.

Mais nous pensons que l'art. 59 n'est pas contraire au Code Nap., puisque la garantie des lots et la rescision sont des suites du partage, et qu'on ne peut le dire terminé tant qu'elles existent. L'abrogation des lois ne se présume pas.

Le partage est, suivant le cas, ou conventionnel ou judiciaire.

Quand tous les copartageants sont majeurs, présents et d'accord, le partage n'est assujetti à aucune forme juridique : il est régi par la convention des parties.

Quand il y a des mineurs, des interdits, la loi assujettit le partage à certaines formalités que nous allons énumérer :

1° Renvoi des parties devant un notaire dont les parties conviennent,

2

sinon nommé d'office par le Tribunal et en même temps que le juge-commissaire, si le Tribunal estime qu'il y a lieu d'en nommer un;

2° Devant cet officier, reddition des comptes que les copartageants peuvent se devoir ;

3° Formation de la masse générale et rapport par chaque cohéritier des dons qui lui ont été faits et des sommes dont il est débiteur;

4° Composition des lots par l'un des cohéritiers choisi à l'unanimité par tous, sinon par un expert désigné par le juge-commissaire ;

5° Homologation du partage par jugement du Tribunal ordonnant le tirage au sort des lots devant le juge ou le notaire ;

6° Délivrance des lots par le juge ou le notaire de suite après le tirage.

Afin de proscrire un ancien usage, la loi dit que les experts doivent indiquer la valeur des objets mobiliers, *à juste prix et sans crue*. Les meubles doivent être vendus, s'il y a des créanciers saisissants (c'est à dire ayant formé une saisie des meubles corporels appartenant au chef du défunt aux cohéritiers, leurs débiteurs), ou opposants (s'opposant au paiement d'un créancier de la succession, qui est leur débiteur), ou bien si la majorité des héritiers l'exige. Dans ce dernier cas, il y a dérogation au principe d'après lequel l'unanimité seule des copropriétaires peut aliéner la totalité des fonds communs. C'est que le paiement des dettes facilite la liquidation, et que les meubles sont des biens trop peu importants pour que la minorité puisse empêcher la vente.

Si le défunt laisse un père et un frère, on forme deux lots, dont l'un est tiré au sort par le frère, et l'on divise l'autre en deux lots secondaires, qui seront tirés au sort par les deux cohéritiers. La décision du texte pour le cas de souches, fournit un argument d'analogie en faveur de cette méthode.

C'est le jugement d'homologation du Tribunal qui donne force au partage en justice ; il fait cesser l'indivision en attribuant à chaque copartageant la propriété exclusive des biens compris dans son lot.

Le cessionnaire des droits successifs d'un héritier peut être forcé de les céder à son tour aux autres cohéritiers, à moins qu'il ne soit appelé à la succession. Ce droit de racheter, ou plutôt de forcer l'acquéreur de droits successifs à les revendre, constitue le retrait successoral. Il est établi afin qu'un étranger ne puisse pas pénétrer les secrets de famille, et afin d'empêcher qu'un spéculateur qui cherche à faire un bénéfice ne vienne susciter des procès entre les cohéritiers. Tous les cohéritiers, et même un seul a le droit d'exercer le retour, en remboursant au cessionnaire le prix de la cession ; le cédant, qui ne peut revenir sur son propre fait, n'a pas le droit de l'exercer. On peut l'exercer contre tout cessionnaire qui n'est pas successible, si l'on s'attache à cette expression, tout cessionnaire qui ne sera pas successible *ab intestat* pourra être écarté, quand il serait légataire d'une quote part de la succession. Néanmoins, on peut soutenir la négative, si l'on admet qu'un pareil légataire est copropriétaire des héritiers légitimes, et qu'il n'a pas dès lors besoin de la cession pour pénétrer les secrets de famille ; et c'est ce que la loi veut empêcher.

En Droit romain, le partage était *attributif* de propriété, ce qu'il est réellement au fond ; car le partage rend chaque cohéritier propriétaire exclusif de la portion qui lui est attribuée dans son lot ; tandis qu'auparavant il n'avait qu'une fraction de propriété sur chaque parcelle des biens communs. D'après le Code Nap., il est simplement *déclaratif* de propriété, puisqu'après le partage chaque co-propriétaire est censé n'avoir jamais eu la propriété des autres effets de la succession. Sans cette fiction, les charges créées pour l'un des cohéritiers pendant qu'il était propriétaire d'une fraction indivise de tous les biens, continueraient de subsister même après que les biens auraient passé dans d'autres lots. Les cohéritiers détenteurs de ces lots seraient alors évincés et forcés d'agir en garantie contre le constituant ; tandis que la propriété antérieure du constituant étant considérée comme non avenue, les charges qu'il a créées sont anéanties.

Il nous reste à examiner quelles sont les causes de rescision du partage. Ces causes sont : la violence, le dol et la lésion du plus du quart. La simple omission d'un objet donne lieu à un supplément à l'acte de partage. L'erreur ne figure pas au nombre des causes de rescision ; car si elle porte sur la propriété du défunt, où se trouve dans l'hypothèse de l'éviction ou de trouble, il y a lieu à garantie. De même, si elle porte sur la solvabilité du débiteur d'une rente. Si l'erreur porte sur la valeur des biens héréditaires, elle entraîne une lésion et l'application du texte de l'article, qui prévoit aussi le cas où elle consiste à oublier plusieurs objets.

Les cohéritiers sont tenus de la garantie en proportion de leur part héréditaire. Si l'un d'eux est insolvable, la portion dont il est tenu doit être également répartie entre la garantie et tous les héritiers solvables. La garantie n'a pas lieu lorsque les troubles et évictions procèdent d'une cause postérieure au partage, ou si l'espèce d'éviction soufferte a été exceptée par une clause particulière et expresse de l'acte de partage ; elle cesse, si c'est par sa faute que le cohéritier souffre l'éviction.

Il est dû à l'héritier dans le lot duquel on a mis une rente, garantie de la solvabilité du débiteur de la rente à l'époque du partage. Cette garantie peut être exercée pendant les cinq ans qui suivent le partage. C'est une dérogation au principe qui fixe à trente ans le délai de la prescription. Ce serait laisser les cohéritiers dans une incertitude trop longue.

La lésion doit être de plus du quart ; tandis que pour la vente, elle doit être de plus de sept douzièmes. C'est que le partage n'a pas pour but de faire un bénéfice, mais bien de donner à chaque partie la jouissance exclusive d'une valeur dont le rapport à la succession totale soit précisément égal à la fraction indiquée par la loi. On n'admet pas l'action en rescision pour cause de lésion : 1° contre la transaction faite sur les difficultés réelles que présentait un partage ou l'acte qui en tient lieu ; 2° contre une vente de droit successif faite aux risques de l'acheteur à l'un des cohéritiers. Pour la vente de droit successif, il est impossible de déterminer exactement la valeur d'un droit successif. Une vente de ce genre est donc un contrat aléatoire ; l'acheteur s'exposant à des risques, est fondé à se ménager des bénéfices. On ne peut donc considérer comme une lésion, la différence entre le prix de la vente et la valeur apparente de la part héréditaire.

C'est à l'époque du partage que l'on apprécie la lésion. Cette lésion est, en effet, celle qui résulte du partage, puisqu'elle tend à le faire annuler. Le partage n'a donc pas été inégal si, au moment où il a été consommé, chacun a obtenu ce qui lui revenait.

Le défendeur à la demande en rescision peut en arrêter le cours, en fournissant au demandeur le supplément de sa portion héréditaire soit en numéraire, soit en nature. .

Le cohéritier qui a aliéné son lot, en tout ou en partie, n'est pas recevable à l'intenter pour dol ou violence, si l'aliénation est postérieure à la découverte du dol ou à la cessation de la violence.

DU RAPPORT.

Le rapport est la remise en nature ou en moins prenant, que fait chaque héritier des biens que le défunt lui a donnés à la masse partageable, et la maintenue dans cette masse des biens qui lui ont été légués.

L'idée du rapport a pour fondement le désir qu'a la loi de maintenir l'égalité entre les héritiers, et la présomption que le *de cujus* n'a pas eu l'intention de déroger à cette égalité en faisant une libéralité à l'un de ses successibles. Aussi la loi ne donne-t-elle le droit de demander le rapport qu'aux cohéritiers seulement, et le refuse soit aux légataires, soit aux créanciers à la succession. .

Pourtant les lois qui régissent les contrats permettent aux créanciers d'exercer les droits de leurs débiteurs (1166). Or, les créanciers du défunt le sont aussi de l'héritier qui continue sa personne; ils devraient donc pouvoir exiger le rapport du chef du cohéritier auquel il est dû. Une distinction détruira cette contradiction apparente de la loi. Admettons deux hypothèses : ou l'héritier accepte purement et simplement, ou il accepte sous bénéfice d'inventaire; dans la première hypothèse, il est débiteur des créanciers du défunt qui peuvent alors invoquer la loi, qui leur donne le droit d'exercer tous les droits et actions de leurs débiteurs (art. 1166); dans la seconde hypothèse, le patrimoine de l'héritier reste séparé de celui du défunt. Les créanciers du défunt n'ont pas le droit de demander le rapport (art. 857). Il en serait de même dans le cas où la séparation des patrimoines aurait été demandée conformément aux articles 878 et suiv.

C'est seulement à la succession du donateur que se fait le rapport. Ce n'est, en effet, que dans cette succession que l'égalité a été rompue. Tout héritier, même bénéficiaire, qui accepte la succession, à moins qu'il n'en soit dispensé par volonté expresse du défunt, et que les avantages à lui faits ne dépassent pas la portion disponible, et le donataire, qui n'était pas héritier présomptif lors de la donation, mais qui se trouve successible lors de l'ouverture de la succession, à moins qu'il n'en ait été dispensé par un acte postérieur à l'acquisition de la qualité de successible.

Le fils ne doit le rapport de ce qui a été donné à son père qu'autant qu'il le représente ; dans ce cas, en effet, il entre dans les droits du père qu'il représente. Or, son père eût été obligé de rapporter, il doit donc aussi y être astreint ; il doit le rapport, qu'il en ait profité ou non, et même dans le cas où il aurait répudié la succession de son père. Le rapport est dû de tout ce que chaque cohéritier a reçu du défunt par donations entre-vifs, directement ou indirectement, et de ce qui a été employé pour son établissement ou le paiement de ses dettes. Il semble étonnant qu'il soit obligé de rapporter ce qui a été employé pour son établissement, puisqu'il y a obligation morale pour les ascendants d'établir leurs descendants ; mais il suffit que ces derniers n'aient pas d'action civile à ce sujet, pour qu'ils doivent le considérer comme une libéralité.

Dans le cas où le père aurait payé les dettes contractées par un de ses enfants en minorité, celui-ci est-il obligé d'en faire le rapport ? Nous ne le pensons pas, parce que le fils ne pouvait être actionné et que le paiement a été fait par le père, pour l'honneur de la famille autant que pour sauver celui du fils prodigue.

Les frais de nourriture, d'entretien, d'éducation, d'apprentissage ; les frais ordinaires d'équipement, ceux de noces et présents d'usage sont dispensés du rapport. Ces dépenses, alors même qu'elles diminueraient la succession, n'augmentent pas le patrimoine de l'héritier, puisqu'elles sont consommées au fur et à mesure des avances. Or, il faut, pour que le rapport soit exigible, deux conditions : 1° l'appauvrissement de la succession ; 2° l'enrichissement de l'héritier. Par conséquent, celui des enfants dont l'éducation aurait absorbé le capital héréditaire en tout ou en partie, ne pourrait être assujetti au rapport ; il en serait de même si ce fils avait profité de son éducation en se distinguant dans sa profession ; car il est impossible d'admettre que le tribunal pourra rechercher si les successibles ont ou non réussi dans leur art. La loi a fait une disposition générale qui n'admet pas de distinction.

Il existe deux espèces de rapport : l'un en nature, l'autre en moins prenant. Examinons en quoi consiste chacun de ces rapports, et quelles conséquences juridiques l'on peut en tirer.

Le rapport en nature, *en essence ou espèce,* suivant l'expression de la coutume de Paris, consiste en ce que le bien donné est considéré comme faisant partie de la succession et est compris dans le partage comme les autres choses héréditaires. Dans le rapport en moins prenant, on considère la succession comme grossie de la valeur du bien donné, mais non du bien lui-même. On opère alors de deux façons : 1° en prélevant sur la masse une valeur égale à celle du bien donné au profit de chacun des cohéritiers : c'est le mode que nous indique la loi ; 2° en comprenant la valeur rapportée dans le lot de l'héritier donataire : c'est une espèce d'imputation.

Le rapport a lieu en moins prenant : 1° lorsque l'immeuble donné a été aliéné par le donataire, ou qu'il y en a dans la masse d'autres semblables pour les cohéritiers, et en outre, quand l'immeuble a péri par le fait du cohéritier ; 2° dans le cas où l'immeuble donné avec dispense du rapport excédant la portion disponible, cette portion excède elle-même la moitié de la valeur de l'immeuble.

Le donataire peut alors retenir l'immeuble en totalité, sauf à moins prendre et à récompenser ses cohéritiers en argent ou autrement ; 3° le rapport du mobilier se fait en moins prenant sur la base de la valeur qu'avait le mobilier lors de la donation ; 4° le rapport de l'argent donné se fait en moins prenant dans le numéraire de la succession. Dans tous les cas, il doit être tenu compte au donataire 1° des impenses utiles qui ont amélioré l'immeuble eu égard à ce dont sa valeur se trouve augmentée au temps du partage ; 2° des impenses nécessaires qu'il a faites pour la conservation de l'immeuble, encore qu'elles n'aient point amélioré l'immeuble. De son côté, le donataire doit indemniser la succession des dégradations et détériorations qui ont diminué la valeur de l'immeuble, par son fait ou par sa faute et négligence. Dans le cas où l'immeuble a été aliéné par le donataire, celui-ci doit rapporter la valeur de l'immeuble à l'époque de l'ouverture diminuée de la plus value, résultant des dépenses utiles et du montant des dépenses nécessaires, ou bien augmentée du montant des détériorations.

Doit-on compte à l'héritier des améliorations faites par son acquéreur depuis le décès ? L'art. 860 dit que dans le cas d'aliénation, le rapport est dû d'après la valeur qu'avait l'objet à l'époque de l'ouverture de la succession.

Le cohéritier qui rapporte un immeuble en nature, peut en retenir la possession jusqu'au remboursement effectif des sommes qui lui sont dues pour impenses ou améliorations. En effet, un créancier obligé lui-même envers un débiteur, à l'occasion de la chose due, ne peut exiger son paiement tant qu'il n'exécute pas sa propre obligation. C'est une des applications du principe du droit de rétention. Les aliénations consenties par le donataire sont maintenues. Dans ce cas, en effet, le rapport a lieu en moins prenant; mais les charges qui grèvent les immeubles rapportés en nature ne continuent pas de subsister. Les créanciers hypothécaires sont ainsi traités moins bien que les tiers-acquéreurs, sans doute, parce que leur droit est moins important; mais ils peuvent intervenir au partage pour s'opposer que le rapport se fasse en fraude de leurs droits. Il semble que le rapport ne puisse pas se faire en fraude des droits des créanciers. Cependant, comme la loi permet, dans certains cas, de rapporter en moins prenant, les créanciers peuvent alors exiger que leur débiteur use de cette faculté, ce qui laissera subsister leur hypothèque.

Le rapport de l'excédant de l'immeuble donné sur la quotité disponible se fait en nature, si le retranchement de cet excédant peut s'opérer commodément; sinon, dans le cas où l'excédant est de plus de moitié de la valeur de l'immeuble, le donataire doit rapporter l'immeuble en totalité, sauf à prélever sur la masse la valeur de la portion disponible; si cette portion excède la moitié de la valeur de l'immeuble, le donataire peut retenir l'immeuble en totalité, sauf à moins prendre et à récompenser ses cohéritiers en argent ou autrement.

Il nous reste à étudier ce que l'on entend par quotité disponible, et comment l'on compose le patrimoine pour déterminer la mesure.

De la composition du patrimoine pour déterminer la réserve.

La loi a enlevé à toute personne qui a des ascendants ou des descendants, la plénitude du droit de disposer de ses biens à titre gratuit. Le droit de *ré-serve,* est le droit que la loi accorde aux ascendants et descendants de récla-mer dans la succession une part déterminée, nonobstant les libéralités ex-cessives du *de cujus;* ce droit qui n'appartient qu'aux ascendants ou des-cendants, n'est pour ainsi dire qu'une sanction de la dette alimentaire dont les parents en ligne directe sont tenus les uns envers les autres.

La réserve peut être définie : UNE PORTION DE LA SUCCESSION *ab intestat* que la loi assure à certains héritiers contre les libéralités du défunt.

La quotité disponible est donc la partie de son patrimoine dont on peut disposer à titre gratuit, et la réserve, la partie non disponible. Le Code nous indiquant le tarif de la quotité disponible, on arrive indirectement à déter-miner la quotité réservée.

La quotité disponible étant une fraction du patrimoine, il faut bien, pour le connaître, commencer par déterminer l'avoir du défunt; pour cela : 1° on forme le total des valeurs appartenant au défunt lors de son décès; 2° on y ajoute la valeur des biens qu'il a donnés entre-vifs, même par préciput et hors part; dans ce dernier cas, il est évident qu'il ne peut être question que d'un rapport fictif, puisqu'il ne peut être exigé ni en nature ni en moins prenant; 3° on déduit les dettes du total; 4° on calcule sur le surplus quelle valeur a pu être l'objet des libéralités en appliquant le texte de la loi (913 à 915). En effet, il ne pouvait porter atteinte à la réserve, même entre-vifs; son avoir doit donc être considéré comme grossi de ce qu'il a donné; et, du reste, le patrimoine d'une personne ne se compose que de son actif net. *Bona non intelliguntur nisi deducto ære alieno.*

On examine l'état et la valeur des biens au moment du décès, parce que c'est à cette époque seulement que la réduction s'opère; on ne tient compte ni des améliorations, ni des détériorations dont le donataire est l'auteur,

3

parce que lui et la succession ne doivent pas s'enrichir aux dépens l'un de l'autre. D'après le texte, il semble qu'on doive déduire les dettes après la réunion à la masse des biens donnés entre-vifs. Cela peut se faire, en effet, sans injustice, lorsque le défunt meurt solvable, car lorsque les dettes ne dépassent pas les biens existants, que la déduction soit faite sur ces biens seuls ou sur ces biens réunis aux biens donnés, le résultat est le même. Mais quand le passif excède l'actif, la déduction des dettes doit être faite avant la réunion des biens donnés; car autrement, ces derniers supporteraient une partie des dettes, et les créanciers profiteraient de la réduction; ce qui est contraire à la loi (art. 920).

Examinons d'abord quel droit de réserve ont les descendants. Ce droit varie suivant le nombre d'enfants que le disposant laisse. La quotité disponible est de la moitié s'il ne laisse qu'un enfant, d'un tiers s'il en laisse deux, d'un quart s'il en laisse trois ou un plus grand nombre. La réserve est donc de la moitié, du quart ou des deux tiers de ses biens.

Il y a cependant à cette règle quelques exceptions : 1° cette quotité est plus faible pour le mineur marié ou non qui meurt avant sa majorité; il ne peut disposer que de la moitié des biens dont la loi permet au majeur de disposer; 2° elle est plus forte quand le donataire ou le légataire est le conjoint du défunt.

Il s'agit de savoir si les petits-enfants sont comptés par tête quand ils succèdent de leur chef.

Non, Ils n'ont jamais dû compter que sur la part de l'enfant dont ils sont issus. *Représenter*, signifie ici, représenter par rapport à la réserve; autrement, un fils qui aurait trois enfants pourrait, en renonçant, porter la réserve de la moitié aux trois quarts.

S'il existe des frères, le droit de réserve existe-t-il toujours pour les ascendants ?

Oui, dit-on, l'art. 915 parle des ascendants, sans distinguer s'il y a ou non des frères; les motifs sur lesquels la réserve des ascendants est fondée sont les mêmes.

Mais, à nos yeux, la réserve n'est autre chose qu'une portion de la succession *ab intestat.* Or, dans l'espèce, les ascendants ne succèdent pas; le deuxième alinéa de l'art. 915 rectifie le premier, en décidant qu'ils recueillent leur réserve dans l'ordre où la loi les appelle à succéder.

La réserve des ascendants diminue la part des collatéraux dans deux cas : 1° toutes les fois que les père et mère se trouvent en concours avec des frères ou sœurs, ou descendants d'eux, et que les libéralités sont moindres de moitié ; 2° lorsqu'en l'absence des frères, sœurs ou descendants d'eux, il n'y a d'ascendants que dans une ligne et des collatéraux dans l'autre, et que les libéralités excèdent la moitié sans égaler les trois quarts.

CODE DE COMMERCE.

DES LIVRES DE COMMERCE.

La tenue des livres ou registres est une obligation que la loi impose à tout commerçant. Les particuliers ne sont soumis à aucune obligation de tenue des livres; les questions qui naissent à l'occasion des moyens de preuve que l'on peut puiser dans les livres des particuliers, se résolvent d'après les principes et les règles de droit commun. Les livres des commerçants sont, au contraire, soumis, soit quant à leur tenue, soit quant à leur force probante, à des règles spéciales que nous allons examiner. Cette obligation de tenir des livres, est prescrite aussi bien dans l'intérêt du commerçant lui-même que dans l'intérêt des tiers. L'existence des livres de commerce a une origine très reculée; la loi 4 du Digeste, *de Ædendo*, semble indiquer sinon une loi précise, du moins un usage qui en tenait lieu. En France, le premier acte qui ait fait de la tenue des livres une obligation légale, est l'édit de création des agents de change et de banque, de 1539.

Une ordonnance de 1673 généralisa cette obligation; les dispositions de cette ordonnance sont reproduites dans les articles 6 et 9 du Code de commerce, qui régit actuellement les matières commerciales. Examinons quels sont les livres indispensables à tout commerçant dans l'état actuel de la lé-

gislation; la loi nous en indique trois sortes : le livre journal, le livre de
la correspondance et le livre des inventaires. Le livre journal ou livre qui
se tient jour par jour, doit *présenter* les dettes actives et passives, toutes les
opérations et négociations du commerçant, tout ce qui entre dans sa caisse
et tout ce qui en sort à quel titre que ce soit; il suffit qu'il *énonce* mois par
mois les sommes employées à la dépense de la maison. Les commerçants
doivent garder copie des lettres qu'ils envoient, dans un livre qui est appelé : *livre de la correspondance*. Chaque année, ils doivent faire le relevé
de leurs opérations et coucher l'actif et le passif pour se rendre compte de
leur situation avant de commencer une nouvelle campagne commerciale. Ce
dernier livre s'appelle livre des inventaires. Ces trois livres sont indispensables à tout commerçant qui exerce en gros ou en détail. Indépendamment
de ces livres, il en existe d'autres appelés auxiliaires, qui n'ont point,
comme les premiers, force probante, et qui, du reste, ne sont soumis à
aucune formalité. Ces livres sont : le livre de caisse, le grand livre, le livre
des achats et ventes, celui des traites et acceptations. Indépendamment des
livres proprement dits, il y a encore les carnets ou agendas qui, quelque-
fois, peuvent être appelés à faire preuve.

Examinons quelles sont les formalités que la loi exige pour que les livres
soient régulièrement tenus, et être admis par le juge comme preuve,
entre commerçants, pour faits de commerce. Ils doivent être tenus par ordre
de dates, sans blancs, lacunes, ni transports en marge; ils doivent être
cotés et paraphés, et visés sans frais, soit par un juge du Tribunal de commerce, soit par le maire de la commune. Enfin, le livre journal et le livre
des inventaires doivent être visés et paraphés une fois par année; le livre
de la correspondance n'est pas soumis à cette formalité; cela s'explique par
l'obligation qu'impose la loi à celui qui les reçoit, de conserver les lettres en
liasse. Or, en cas d'erreur sur le livre de copie, il y aurait un moyen de
contrôle facile.

Avant la loi du 20 juillet 1837, les livres étaient soumis au timbre: une
augmentation sur les patentes a changé cette disposition de la loi. Dans
la pratique, quand même ces formalités ne seraient pas strictement exé-
cutées, mais si la régularité de la tenue des livres empêchait toute inter-

calation, il est laissé au pouvoir discrétionnaire des juges d'accorder au livres force probante. Pour examiner quelle est l'autorité des livres de commerce, il y a lieu à distinction : ou la contestation est entre un commerçant et un non commerçant, ou entre deux commerçants; soit pour faits de commerce, soit pour faits qui y sont étrangers ; nous verrons ensuite quand les juges peuvent ordonner soit la communication, soit la représentation des livres.

L'autorité des livres n'a jamais été une question douteuse ; mais quel est le degré précis de cette autorité. A Rome, comme semblent nous l'indiquer les plaidoyers de Cicéron contre Verrès, les livres indistinctement, des commerçants ou non commerçants, ne peuvent être produits qu'à titre de renseignements ou de présomptions. Les Pandectes avaient modifié cet état de choses ; le Digeste ne reconnaissait une autorité suffisante qu'aux livres des *argentarii*, et encore parce qu'il les considérait comme remplissant un office public, *officium publicum*. La loi 10, *in principio*, du titre du Digeste, *de Ædendo*, nous montre que les livres des *argentarii* faisaient même foi entre les tiers.

Le Droit Justinien accordait force probante entière aux livres des *argentarii*, pour la refuser aux livres des marchands ordinaires, qui servaient simplement à éclairer les juges. Au moyen-âge, en Italie, les textes du Digeste semblent avoir servi de lois ; plus tard, il y eut une certaine incertitude sur l'étendue de la force que l'on reconnaissait aux livres ; pourtant, en différant de degré, cette force fut toujours admise. La même dissidence règne en Allemagne et en France ; en Allemagne, Marquardus admit les livres comme autorité pleine et entière ; Voët et Klein l'admirent, mais en la soumettant à plusieurs formalités et à plusieurs dispositions de statuts locaux.

Examinons quelle est la force probante des livres tenus par les commerçants, lorsque la contestation existe entre un commerçant et une personne non commerçante. Dans ce cas, ils font preuve contre lui à cause de l'obligation où il est de tenir des livres, sans cependant que l'adversaire puisse diviser les énonciations qu'ils renferment ; mais ils ne font pas preuve en sa faveur, parce que le non commerçant n'ayant point de livres à opposer, l'avantage ne serait plus égal.

Le juge peut déférer le serment supplétoire s'il le croit convenable
(art. 1329, C. Nap.) On ne peut admettre la preuve testimoniale, puisqu'il
faudrait un commencement de preuve par écrit. Si la loi ne reconnaît ce
caractère qu'aux écrits émanés de celui contre lequel la demande est for-
mée, le non commerçant n'ayant point d'écrits, on doit conclure que la
preuve testimoniale ne peut être admise.

La contestation existe-t-elle entre deux commerçants ? il y a lieu à
examiner si elle se rapporte aux faits de commerce ou à des faits étrangers au commerce. Les livres ont force probante entière quand il y a accord entre les livres produits de part et d'autre. Si, au contraire, il y a
eu désaccord entre les livres respectivement produits, le juge doit d'abord
examiner si des deux côtés les livres ont été tenus régulièrement et donner
la préférence à ceux qui auront été faits d'une manière conforme à la loi.
Que si la contradiction existe entre des livres réguliers de part et d'autre, il doit alors chercher, dans le concours des circonstances, la raison
de se décider. Quant aux courtiers et agents de change, ils sont tenus de
représenter aux juges ou aux arbitres leurs livres et leur carnet, ce qui
indique que la loi accorde force probante au carnet de ces commerçants ;
et cela s'explique par la nature de leurs opérations. Jusqu'au moment de la
la faillite, les livres régulièrement tenus font foi.

Si la contestation existe entre deux commerçants pour un fait étranger
au commerce, les livres ne peuvent plus être admis comme moyen de
preuve. La preuve des livres doit être admise lors même que l'acte n'est
commercial que d'un côté ; car, dans ce cas, il doit en être fait mention sur
les registres de part et d'autre.

Le pouvoir des juges s'étend jusqu'à ordonner la communication et la
représentation des livres. La communication est la remise des livres à l'adversaire avec faculté de les parcourir en entier. La représentation, au contraire, bien différente de la communication, n'est que l'exhibition du re-
gistre pour être non pas examiné en entier, mais seulement sur le point
spécial de la contestation.

La communication ne peut être ordonnée que dans les cas prévus par la
loi. Ce sont ceux de succession, de communauté, de partage, de société et

de faillite ; car il y a intérêt que les héritiers, les associés, la femme commune sachent la position du commerçant ; et la publicité des affaires d'un failli n'offre nul inconvénient.

La représentation des livres peut avoir lieu dans trois cas bien distincts : 1° le Tribunal peut autoriser la production des livres sur la demande du commerçant qui offre de les produire ; 2° le Tribunal peut l'ordonner d'office quand même aucune des parties ne le demanderait ; 3° le juge peut en ordonner la représentation quand uu des adversaires prétend que la preuve de sa demande existe dans les livres de l'autre.

Lorsque le commerçant, aux livres duquel l'adversaire offre de s'en rapporter, refuse de les representer, le Tribunal a la faculté de déférer le serment supplétoire à ce dernier. Dans le cas où la représentation des livres est nécessaire, et que ces livres sont dans des lieux éloignés, on adresse une commission rogatoire au Tribunal du lieu où ils se trouvent ; et, s'il n'y a pas de Tribunal, on peut déléguer le juge de paix pour en faire l'extrait et le transmettre.

DROIT ADMINISTRATIF.

De la procédure à suivre en matière d'abus.

I.

Le recours au Conseil d'Etat pour abus est une institution qui sert à réprimer les empiètements de la puissance ecclésiastique sur les droits du temporel, et, réciproquement, à protéger le libre exercice du culte contre les abus du Pouvoir auxquels les agents du gouvernement se laisseraient entraîner. Si l'obstacle à l'exercice du culte venait de particuliers, l'action ne devrait pas être portée au conseil d'Etat, mais directement devant les tribunaux correctionnels.

Certains historiens ont considéré ce recours pour abus comme très ancien; d'autres, au contraire, ont voulu lui donner une origine presque moderne. Quant à nous, nous pensons que des deux côtés il y a exagération, et que pour être dans le vrai, il faut reporter ses commencements vers le milieu du XIIIe siècle. Il fut institué pour faire cesser les empiètements de la juridiction ecclésiastique sur la juridiction seigneuriale. Ces empiètements, qui avaient pris naissance dans la confiance qu'inspiraient les officialités aux justiciables, finirent par devenir abusifs, lorsque le caractère de ces tribunaux vint à changer et lorsque, à la place des garanties qu'ils présentaient, il ne resta qu'une procédure vaine et hérissée de difficultés. Ce fut alors que commença la lutte entre les seigneurs justiciers et les tribunaux ecclésiastiques : elle fut vive. Marquée d'abord par des faits isolés, l'institution tendit à se régulariser, et, en 1329, le recours pour abus put être considéré comme une institution légale, soumise à la juridiction des Parlements.

Il ne fut pas d'abord usité dans tous les Parlements; la compétence respective des juridictions rivales était encore mal définie, ce qui donnait lieu à des pratiques diverses. Ces différences ne cessèrent qu'en 1539, date de l'édit de Villiers-Cotterets. La disposition la plus grave de cette ordonnance se trouvait dans l'art. 5, aux termes duquel l'appel comme d'abus pouvait atteindre les sentences rendues en matière de discipline. Le clergé éleva des réclamations auxquelles François Ier fit droit, en décidant qu'en matière de discipline le recours ne produirait qu'un effet *dévolutif.* Ces concessions rétablirent l'harmonie; mais après la mort de ce prince, le Parlement se relâcha de son respect pour l'édit de 1539. Les réclamations du clergé continuèrent. Charles IX et Louis XIV cherchèrent à y faire droit par divers édits; mais c'étaient des barrières que les magistrats renversaient aisément, et, suivant l'expression de M. de Frayssinous, *l'abus des appels comme d'abus ne fit que s'accroître.* Les choses continuèrent de se passer ainsi jusqu'à la Révolution française. En 1790, les officialités furent abolies, les Parlements tombèrent aussi et les luttes de ces pouvoirs s'éteignirent. Lorsque le calme fut revenu et que le culte fut restauré par le Concordat du 26 messidor an IX, et la loi organique du 18 germinal an X, le pouvoir ecclésiastique fut remis tout entier, soit au point de vue de l'administration, soit au point de vue du contentieux ecclésiastique, entre les mains des évêques : c'était un pouvoir nouveau. Le premier consul pensa qu'il y avait lieu de faire des réserves à son égard, et de là vint l'art. 6 de la loi du 18 germinal an X, qui établit le recours au conseil d'Etat dans tous les cas d'abus de la part des supérieurs et autres personnes ecclésiastiques.

C'est cette loi qui attribua les appels comme d'abus au Conseil d'Etat, en les enlevant à la magistrature qui les avait conservés jusqu'à l'époque de la Révolution.

II.

Des cas d'abus.

Quoique nous n'ayons pas à examiner les différents cas qui donnent lieu à l'appel comme d'abus, nous croyons qu'il est bon, pour compléter autant que possible notre travail, de les énumérer tels qu'ils sont indiqués dans la loi du 18 germinal an X.

Il y a recours pour abus dans les circonstances suivantes :

1° Usurpation et excès de pouvoir ;

2° Contravention aux lois et règlements ;

3° Contravention aux lois reçues en France ;

4° Attentat aux libertés, franchises et coutumes de l'Eglise gallicane.

5° Procédés qui peuvent compromettre l'honneur des citoyens, troubler arbitrairement leur conscience, ou dégénérer en oppression, injure ou scandale public.

III.

Procédure à suivre en matière d'abus.

Ce chapitre doit se diviser en deux parties : 1° compétence ; 2° procédure à suivre pour introduire le recours.

§ 1er.

Compétence.

Le Conseil d'Etat est le tribunal devant lequel doivent être portés les appels comme d'abus. Cette attribution lui a été reconnue par l'art. 6 de la loi organique; par l'art. 8 de l'ordonnance du 29 juin 1814, portant règlement du Conseil. La même disposition a été reproduite dans l'art. 17 de la loi du 18 septembre 1839, et dans le règlement du 16 juin 1850, art. 9. La question de compétence ayant été soumise aux tribunaux et au Conseil d'Etat, on a reconnu que la juridiction administrative était compétente (17 mai 1837, ordonn. *Fournier.* C. Cass., 28 mars 1818, 25 août 1825, 26 juillet 1838).

Malgré ce concours d'autorités, on a soutenu qu'en vertu des art. 5 et 6 du décret du 25 mars 1813, organique du Concordat de Fontainebleau, les Cours d'appel étaient compétentes. Cette opinion est erronée. Le décret du 25 mars 1823 n'étant qu'un appendice au Concordat de Fontainebleau, n'a pu demeurer en vigueur lorsque le principal a été inexécuté.

§ 2.

De la procédure à suivre pour introduire ce recours.

Toute partie intéressée peut se pourvoir par la voie de l'appel comme d'abus (art. 8. de la loi organique).

La personne qui a été victime de l'abus d'autorité n'est pas la seule qui ait le droit de réclamer, les héritiers ont le droit de se présenter.

L'art. 8 de la loi organique donne aussi le droit d'appeler comme d'abus aux préfets : « à défaut de plainte particulière, il sera exercé d'office par le préfet. » C'est non seulement un droit, mais encore un devoir.

Le ministre, supérieur hiérarchique du préfet, doit avoir le même droit; s'il n'agit pas, il doit pouvoir vaincre son inertie (Ordonn., 9 mars 1845). Lors même que les parties auraient renoncé au recours, ces fonctionnaires doivent poursuivre dans l'intérêt général.

Le recours pour abus ne doit être employé qu'à la dernière extrémité. On doit tenter, avant, le recours au métropolitain; c'est ce qui a été jugé dans les affaires *Audierne* et *Piféteau*, le 6 août 1850. Il en est autrement pour les actes autres que les sentences, tels que les refus de sacrements; car, si le métropolitain peut anéantir une décision, il ne peut détruire un fait.

La loi n'a pas déterminé le délai dans lequel le recours devait être fermé sous peine de déchéance. Cependant on peut , en se guidant d'après les règlements en vigueur pour les autres matières soumises au Conseil, en complétant la loi actuelle par la loi ancienne, et les dispositions du Droit canonique, en le rejetant dans les prescriptions du Droit commun, qui doivent toujours être appliquées en l'absence de dispositions particulières, soutenir qu'il peut suivre le délai de trois mois et rejeter tout recours qui ne serait formé qu'après leur expiration.

Le recours pour abus n'est pas porté directement au Conseil d'État. Il faut d'abord que l'appelant adresse un Mémoire détaillé et signé au ministre des cultes ; ce ministre doit prendre, dans le plus court délai possible, tous les renseignements nécessaires, et ensuite envoyer ces pièces, avec son rapport, au président du conseil d'État. La remise de ce Mémoire est une sorte d'essai de conciliation. Le recours pour abus est irrecevable , quand il n'est pas précédé de ce préliminaire. Dans plusieurs circonstances, le Conseil d'État a repoussé des requêtes qui lui avaient été adressées directement et renvoyé les parties à se pourvoir devant le ministre des cultes.

Il faut que le Mémoire soit suffisamment détaillé, ce n'est pas une formalité illusoire, et le Conseil d'État seul, a le droit d'apprécier si le Mémoire est suffisamment détaillé ou non. Ce recours serait encore rejeté si le Mémoire n'était pas signé.

Lorsque le ministre des cultes a pris tous les renseignements nécessaires, le dossier est renvoyé au président du Conseil d'État et reçu au secrétariat général. De là, il est adressé au président de la section de l'intérieur, de l'instruction publique et des cultes, qui nomme un rapporteur parmi les conseillers ou les maîtres de requêtes. Les auditeurs ne peuvent être chargés de rapporter ces affaires.

La section de l'intérieur, de l'instruction publique et des cultes, arrête le projet de décret qui sera présenté à l'assemblée générale du Conseil d'État. Après ce premier examen, l'affaire est portée à l'assemblée générale du Conseil d'État, qui est appelée à délibérer sur les conclusions du comité.

L'affaire est terminée administrativement, c'est à dire sans frais ni constitution d'avocat. Le rapporteur et le président du Conseil d'État signent le décret; l'expédition, certifiée par le secrétaire général, est ensuite transmise au ministre des cultes, qui la présente à la signature de l'empereur.

Vu par le Président de la Thèse,

Bénech.

Toulouse, imprimerie BAYRET-PRADEL et Cⁱᵉ, rue Peyras, 12.